ISOLARIO

MEDITACIÓN EN ARCHIPIÉLAGO

ADALBER SALAS HERNÁNDEZ

ISLARIUM

AN ARCHIPELAGIC MEDITATION

Translated by Robin Myers

PEEPAL TREE

First published in Great Britain in 2024
Peepal Tree Press Ltd
17 King's Avenue
Leeds LS6 1QS
UK
Spanish editions
Santurce, Ediciones Aguadulce, 2019;
Valencia, Pre-Textos, 2023

© Adalber Salas Hernández
Translation: Robin Myers

ISBN: 9781845235857

Supported by
ARTS COUNCIL
ENGLAND

ISOLARIO

ISLARIUM

Para Malena Salas Robertson,
de una isla a otra.

Para Obdulia Castañeda,
i. m.

For Malena Salas Robertson,
from one island to another.

For Obdulia Castañeda,
in memoriam.

An island is one great eye
gazing out, a beckoning lighthouse,
searchlight, a wishbone compass,
or counterweight to the stars.

Yusef Komunyakaa

Iles annelées,
unique carène belle

Et je te caresse de mes mains d'océan.

Aimé Césaire

CONTENTS

Primero, antes que cualquier cosa, el asombro. La sorpresa de que hubiera una tierra completamente rodeada de agua, abrazada por el agua. Sobre ella, un sol dulce y brutal, un sol de luz sólida, que te sujetaba por los hombros y te inmovilizaba como un árbol bajo el mediodía.

Ese es mi primer recuerdo de la isla. Memoria encandilada, incrédula ante ese horizonte hecho exclusivamente de mar.

❧

First, before anything else, astonishment. The startling sight of land completely surrounded by water, embraced by water. Above it, a sweet, brutal sun, a sun of solid light, that gripped you by the shoulders and held you still as a tree at midday.

That's the first thing I remember about the island. My memory dazzled, incredulous at this horizon made entirely of sea.

Ya había escuchado antes de las islas. Sabía que mis abuelos venían de una. Sabía que era pequeña, porosa y terca. Sabía que la habían abandonado porque vivir en ella se había vuelto difícil.

En mi imaginación infantil, la isla los había expulsado. Habían sido arrojados al otro lado del Atlántico, como si la isla hubiera sacudido su lomo para quitárselos de encima.

❧

I'd heard about islands. I knew that my grandparents came from one. I knew it was small, harsh, and porous. I knew they'd left because living there had grown difficult.

In my childish imagination, the island had expelled them. They'd been flung across the Atlantic, as if the island had shaken them off its back, trying to get rid of them.

La isla en la que habían nacido muchos de ellos, el archipiélago al que pertenecía, adquirían una textura mítica en mi familia. Circulaban las historias como hubieran podido circular los botes de orilla a orilla. Eran regiones irremediablemente lejanas, perdidas y esperadas por igual. Recuerdo mi confusión: no podía entender si las islas estaban en el pasado remoto o en el futuro inminente.

❧

The island where many of them had been born, the archipelago it belonged to, acquired a mythic texture in my family. Stories circulated like little boats from shore to shore. These regions were irremediably distant, both lost and longed for. I remember my confusion: I couldn't understand whether the islands existed in the faraway past or the imminent future.

Empecé a comprender que las islas están siempre a punto de ocurrir. A punto de llegar. Su hábitat es a la vez un pretérito fundacional y un porvenir urgente. Son horizontes, están hechas de horizonte.

Hoy, ya adulto, se me hace imposible entenderlas de otro modo.

❧

I began to grasp that islands are always on the verge of occurrence. About to arrive. Their habitat is both a foundational past and an urgent becoming. They're horizons. They're made of horizon.

Today, now grown, I still find it impossible to see them as anything else.

Mis abuelos y sus hermanas y hermanos, y sus esposos y esposas, y sus primas y primos habían llegado en barcos sucesivos, cuyos nombres me ha sido imposible averiguar. Nadie parece recordarlos. No saben darme fechas exactas, trayectos, escalas. No logro dar con documentos que me guíen.

Me descubro soñando despierto con ellos. Los imagino navegando de noche, deslizándose sin el menor ruido, como si ellos mismos fueran mercancía ilícita que el oleaje contrabandeara.

❦

My grandparents and their sisters and brothers, and their husbands and wives, and all of their cousins, had arrived on a series of ships whose names I've been unable to locate. No one seems to remember them. No one can give me exact dates, routes, stops. I haven't come up with any physical records to guide me.

I find myself daydreaming about these ships. I imagine them sailing by night, slipping soundlessly over the sea, as if they themselves were illicit merchandise: the water's contraband.

Los barcos atraviesan el océano, sonámbulos,

funámbulos
sobre una cuerda invisible.

Ships cut across the ocean, sleep-sailing,

toeing across
an invisible rope.

Era imposible hacerme una idea de la geografía de esas islas. A veces parecían minúsculas, breves manos de tierra, abiertas haciendo un gesto, como recibiendo un saludo. El mar parecía estar siempre allí, al lado; bastaba estirar el brazo para alcanzarlo.

Algunas historias sobre las islas las encogían, como si esa misma mano se cerrara implacablemente.

Otras veces, parecían vastas, repletas de llanuras y bosques, de montañas nevadas, de montes en cuyas laderas había cuevas que, en otro tiempo, sirvieron de refugio para disidentes políticos.

Por supuesto, no sabía el significado de la palabra *disidente* y mucho menos de *político*. Pero entendí muy bien que una cueva en una isla era el lugar perfecto para un secreto.

❧

I couldn't visualize the geography of those islands. Sometimes they seemed miniscule: brief hands of earth, open-palmed, gesturing, as if waving back to someone. The sea always seemed to be there, beside me; all you had to do was reach out and touch it.

Some stories about the islands shrank them, as if that same hand ruthlessly closed itself into a fist.

But sometimes they seemed vast, dense with plains and forests, with snowy mountains, with hills whose slopes were pocked with caves that offered refuge to political dissidents in another era.

Of course, I didn't know what *dissident* meant, much less *political*. But I knew very well that a cave on an island was the perfect place for a secret.

Muchas de las historias eran relatadas por mi abuela. Pero ya no sé cuáles me contó y cuáles inventé. La topografía de aquellas primeras islas atisbadas es cambiante. Es un cuerpo que no cesa de transformarse, cuya piel es otra forma de lo imprevisto.

Many of the stories were told by my grandmother. But I'm not sure which she told me and which I made up. Those first islands glimpsed are fickle in their topography. It's a body in ceaseless transformation, its skin another form of surprise.

Mi abuela era una piedra seca por fuera con un mar en bruto por dentro, un mar de barcos endebles, un mar con esquinas.

Mi abuela era una piedra árida, espesa, en la que nada calaba. Con un mar sin ritmo por dentro. Sin ritmo pero con islas, islas crustáceas, inquietas, islas como puños, parecidas a esa donde nació.

Mi abuela era una piedra, un pequeñísimo desierto, con un mar afilado por dentro. Un mar donde nadan perros. Un mar que lame fiel las costas que no se han dicho.

Mi abuela
mi abuela era
mi abuela la piedra que no puedo lanzar.

❧

My grandmother was a dry stone on the outside with a rough sea on the inside, a sea of flimsy ships, a sea with edges.

My grandmother was a dense, arid stone nothing could seep into. With a rhythmless sea inside. Rhythmless but full of islands, restless crustacean islands, islands like fists, much like the one where she was born.

My grandmother was a stone, a tiny desert, with a sharpened sea inside. A sea where dogs swim. A sea lapping faithfully at unspoken coasts.

My grandmother
my grandmother was
my grandmother the stone I can't throw.

Simultáneamente más allá y más acá: las Canarias eran un recuerdo que me había sido entregado, precarios nudos de arena y roca que en realidad no estaban en ningún mar, siete puntos en un mapa que observaba absorto, sin saber leerlo realmente. Son así algunos de nuestros recuerdos más importantes: empiezan sin pertenecernos. En un primer momento son la memoria de alguien más. Escenas de una vida que no se volverá propia sino mucho después, acaso nunca.

❧

At once beyond and closer by: the Canary Islands were a memory that had been delivered to me, fleeting knots of sand and rock that actually weren't in any sea at all, seven dots on a map I'd study, engrossed, though I didn't really know how to decipher it. That's what some of our most important memories are like: they begin without belonging to us. They're someone else's at first. Scenes from a life that won't become our own until much later, if ever.

Era como si hubieran llegado flotando hasta mí. Como aquellas islas que muchos han querido creer que se desplazaban, a veces sin rumbo, otras veces con un destino claro. Islas navegantes que volvían obsoleto al velero. Islas que conjugaban en sí la migración y la permanencia, el irse y el quedarse. Islas que iban con uno como uno iba en ellas.

Pero las Canarias no habían traído su mirada atlántica a nado, ni empujadas por el viento. Mis abuelos y mis tíos me las entregaron de contrabando, sin declararlas en la aduana venezolana. Las dejaron en un mar interno, inquietas, dando vueltas como planetas estrechos.

❧

It was as if they'd floated right up to me. Like the islands that so many people have longed to believe could move, sometimes aimlessly, sometimes with a clear destination in mind. Itinerant islands that rendered sailboats obsolete. Islands that conjugated migration and permanence, going and staying. Islands that traveled with you. As you with them.

But the Canary Islands hadn't brought their Atlantic gaze afloat with them, nor were they driven along by the wind. My grandparents and aunts and uncles smuggled them to me, declaring nothing to Venezuelan customs. They left them adrift in an inner sea, restless, circling like narrow planets.

La isla flotante tiene algo de milagro. Es larga la lista de santos tacaños que preferían viajar así, a despecho de los barqueros: San Kilian, San Maedoc, San Vouga, Santa Monnena, San Piran y, por supuesto, San Brendan.

La isla visitada por este último ha sido confundida con una de las llamadas Islas Afortunadas, de clima suave y vegetación indulgente. Islas generosas, afirman, resorts reservado a los píos o a los dioses.

En otras versiones de la historia, San Brendan desembarca en el lomo de un terrible monstruo marino, al que confunde con un islote. La bestia se sacude, rabiosa, al hallarse súbitamente poblada. Del milagro a lo atroz hay, lo sabemos, apenas un paso.

❧

There's something miraculous about a floating island. There's a long list of stingy saints who insisted on traveling this way, defying boatmen: Saint Kilian, Saint Máedóc, Saint Vouga, Saint Monnena, Saint Piran, and, of course, Saint Brendan.

The island visited by this last saint has sometimes been confused with one of the so-called Fortunate Isles, known for its gentle climate and forgiving vegetation. Generous islands, people say. Resorts reserved for the pious and the gods.

In other versions of the story, Saint Brendan disembarked on the back of a terrible sea monster, which he mistook for an islet. The beast shook him off, enraged at finding itself suddenly populated. As we well know, miracle is a stone's throw from atrocity.

Las islas flotantes de hoy tienen poco de sobrenatural.
Pero tampoco tienen nada de natural. Epidermis sintética,
se trata de las islas de basura que han sido reportadas en
el Pacífico norte, ensamblajes de desechos plásticos en
lenta deriva circular, purgatorios somnolientos. En ellos
vive una fauna pobre, resignada.

Islas como presagios del mundo que nos aguarda.

●

Today's floating islands aren't especially supernatural.
But we couldn't call them natural, either. We have
synthetic-skinned islands, the isles of trash reported in
the North Pacific, assemblages of plastic waste in slow
circular drifts, drowsy purgatories inhabited by poor,
fatalistic fauna.

Islands as portends of the world that awaits us.

¿Cómo no pensar el *Ilha das Flores*, el documental de Jorge Furtado? Esa isla vertedero cerca de Porto Alegre, donde grupos de personas se vieron forzados a alimentarse de desechos – usualmente aquellos que no eran destinados a la alimentación de los cerdos criados en la zona. *Ilha das Flores*, Isla de las Flores: la basura no tiene sentido de la ironía.

Esta isla flota, aunque sea sólo a través de la imagen cinematográfica. El último cuadro del documental nos informa que en buena medida fue rodado en *Ilha dos Marinheiros*, a dos kilómetros de *Ilha das Flores*.

❧

Impossible not to think of *Ilha das Flores*, the documentary directed by Jorge Furtado. The landfill-island near Porto Alegre where groups of people were forced to feed on garbage – whatever wasn't reserved for pig slop. *Ilha das Flores*, Isle of Flowers: trash has no sense of irony.

This island floats, if only through the filmic image. The final shot informs us that the documentary was actually filmed on Ilha dos Marinheiros, two kilometers away from Ilha das Flores.

En nuestro imaginario abundan las islas bestiales. Dicen que no solo fue San Brendan, sino también Simbad, quien se encontró en la espalda verdeante de una isla viviente, huyendo a toda prisa antes de ser tragado por ella.

Se habla de ballenas gigantes, de inmensas tortugas e incluso de cangrejos colosales, sobre los cuales la tierra se depositó morosamente, donde crece una vegetación de paciencia secular y donde las aves marinas saben hallar reposo.

El kraken también formó parte, durante un tiempo, de este catálogo de islas feroces. Queda una reminiscencia de esto en la primera edición del *Sistema Naturæ* de Linnæus, quien lo describe como «microcosmus marinus».

❧

Monstrous islands abound in our imaginations. It's said that not only Saint Brendan but also Sinbad found himself on the lush green back of a living isle, fleeing as fast as he could before it swallowed him whole.

People talk about colossal whales, enormous tortoises, and even mammoth crabs on which the earth morosely deposited itself, sowing verdure of age-old patience where sea birds seek shelter.

For a while, the kraken was also listed in this catalogue of ferocious islands. There's a trace of it in the first edition of *Sistema Naturæ*, by Linnæus, who describes it as a "microcosmus marinus."

«Microcosmus marinus»: como si de golpe la vida marina pudiera hallarse en el cuerpo de esta criatura, contenida y cifrada, tensada entre las honduras abisales y los haces de luz que llegan de la superficie como columnas quebradas.

Islote invertebrado, monstruo clave, monstruo mundo, mínimo universo contenido en el mar, con moluscos en vez de astros, con ventosas en lugar de constelaciones, galaxia de carne submarina, de tentáculos imposiblemente largos, de ojos sin párpados.

"Microcosmus marinus": as if sea life were suddenly discoverable in the body of this creature, encoded and contained, taut between the abysmal depths and the shafts of light descending from the surface like broken pillars.

Invertebrate islet, key monster, world monster, minor sea-encompassed universe with molluscs for stars, with suckers for constellations, a galaxy of underwater flesh, impossible tentacles, lidless eyes.

Te Waipounamo, también conocida como South Island en Nueva Zelanda, contiene un lago llamado Hawea. Se cuenta que en él hubo un islote flotante que, cuando se movía, producía sonidos de pájaro.

Hace mucho que nadie lo ve. Quizás cambió el agua por el viento — una transparencia por otra.

❧

Te Waipounamo, also known as the South Island of New Zealand, contains a lake called Hawea. It's said that Hawea once harboured a floating island that made bird sounds when it moved.

No one has seen it for a long time. Maybe it exchanged water for wind — one transparency for another.

Las mías no eran vastos animales habitados, vagando perezosamente entre el oleaje y las nubes, atrapados por el horizonte. Aunque sí aullaban, me lo habían asegurado. El viento pasaba por sus montes abruptos, por sus valles y sus acantilados, haciendo sonar esas gargantas de piedra seca.

❧

My islands weren't vast inhabited animals, roaming lazily between the surf and the clouds, confined by the horizon. But they did howl; I'd been assured they howled. The wind surged over its brusque mountains, through its valleys, down its cliffs, loosing noise from those dry stone throats.

Una isla que vocifera también puede ser el último espécimen de una vieja raza de roca y sal y árboles torcidos por el sol, largando sobre el mar su llamado de apareamiento.

❧

A shouting island could also be the last surviving specimen of an old breed made of rock and salt and sun-buckled trees, spilling its mating call into the sea.

La isla es el espacio del deseo. Esto lo entendí de inmediato, pero en mi niñez no hubiera sabido formularlo. Mi primera visita a la Isla de Margarita me desorientó: el calor me perseguía a todas partes, metía su hocico bajo las axilas, entre las piernas, me resoplaba en la nuca como un enorme perro dormido. Sudaba profusamente. La brisa que pasaba no aliviaba; estaba hecha de hojarasca.

Pero lo que más me confundía era el mar. No se parecía al que veía cuando bajaba al puerto de la Guaira con mis padres. De ese mar volvíamos, pero del que entonces veía no había regreso. Sí, tenían el mismo nombre, Caribe, pero eran distintos. Al pronunciarlo en Margarita, la boca se llenaba de una miel áspera.

❧

An island is a space of desire. I sensed this immediately, but I wouldn't have been able to articulate the idea as a child. The first time I visited Isla Margarita, I felt disoriented: the heat followed me everywhere, nudged its snout into my armpits, between my legs, panted at the nape of my neck like a big slumbering dog. I sweated profusely. The passing breeze offered no comfort; it was made of dead leaves.

But what most confused me was the ocean. It didn't resemble the one I saw when my parents took me to the harbor at La Guaira, in Venezuela. We'd look out at the water make our way home. But there was no returning from the sea I encountered later. Yes, they had the same name: Caribbean. But they were different. When I pronounced it on Margarita, my mouth filled with a rough honey.

El agua nos rodeaba como una invitación o una amenaza. O como ninguna de las dos, realmente, sino como otra cosa. Como aquello que está enquistado en mi memoria: un asombro. Eso. Nos cercaba, nos sitiaba con la constancia de un asombro.

❧

The water surrounded us like an invitation or a threat. Or like neither one, really, but something else. Like what I've got embedded in my memory: an astonishment. That. It encircled us, besieged us with the certainty of awe.

Margarita tenía una vegetación cabizbaja. La recuerdo color ladrillo, polvorienta, como si toda la isla estuviera hecha de harina morena molida por la claridad del día.

Su aridez era casi amorosa. Tenía flacos árboles hambreados, arbustos empeñados en alguna contorsión, cactus. En su interior, el suelo era nudoso. Tierra resolana donde el Caribe te mostraba su filo azul en cada esquina.

❧

The vegetation on Margarita was dejected. I remember it as brick-coloured, dusty, as if the entire island were made of dark flour ground by the day's glare.

Its scorchedness was almost affectionate. It had scrawny, hungry trees, tenacious bushes in diligent contortions, cacti. Inland, the soil was knotty. Dazzled earth where the Caribbean flashed its blue blade on every corner.

En la playa, los bañistas salían de las olas con el agua mordiéndoles los talones. Dientes de espuma, innumerables.

Algunos jugaban con pelotas, otros charlaban o se bronceaban. Otros se echaban y dejaban que el sueño se los llevara. Durmientes en hileras, encendidos como lámparas, piel de lumbre y lustre, tendida y oleosa trampa para la luz.

❧

On the shore, bathers emerged from the waves with the water snapping at their heels. Countless teeth of foam.

Some played with beach balls; others sunned themselves or chatted. Still others stretched out and let sleep have its way with them. Slumberers all lined up on the sand, bright as lamps, with their lustrous, smoldering skin, sprawled and oily enough to trap the light.

Durante años, pensé que la arena sólo podía ser blanca, crudamente blanca, desteñida, una larguísima procesión de granos quemados. Cuando pisé por primera vez una playa de arena volcánica, me pareció estar detenido sobre una herida cauterizada.

Una micrografía electrónica de algunos granos de arena parece una imagen captada por un telescopio potente: cuerpos grisáceos, desiguales, interminablemente lejanos, perdidos en la oscuridad.

Tardaría en descubrir la abrumadora variabilidad de la arena; cómo está compuesta por materiales tan disímiles como el cuarzo, el sílice, la caliza o el yeso, así como por restos triturados de fósiles prehistóricos, criaturas que el tiempo masticó con su muela ciega.

❧

For years, I thought that sand could only be white, crudely white, faded, an endless procession of parched grains. When I set foot on a beach of volcanic sand for the first time, I felt like I was stepping on a cauterized wound.

An electron micrograph of a few grains of sand looks like an image captured by a powerful telescope: gray, uneven bodies, interminably distant, lost to the darkness.

It would take me a long time to grasp the overwhelming variability of sand: how it's made of materials as diverse as quartz, silica, limestone, and plaster, and also by the crushed remains of prehistoric fossils, creatures that time crumbled minutely between its blind jaws.

Hasta entonces no había conocido esa quietud, ese estar sencillo, permanencia del cuerpo en sí mismo, en sus propios cotos de carne enrojecida y huesos tiernos, sin deudas ni alianzas, desasido: cuerpo entre los cuerpos.

Tenía en mí la libertad que mis ocho años podían aguantar. Anduve hasta la playa, jugué con otros niños, dejé que anocheciera sin prisa, que el sabor, el color, la textura de un mango maduro, denso, tomara forma sobre mi cabeza.

❧

Until then, I hadn't known such stillness, that simple being-there, the way the body lingered in itself, in its own reserves of reddened flesh and tender bones, with neither allegiances nor debts, released: a body among bodies.

I harboured all the freedom that my eight years on earth could bear. I walked to the beach, played with other children, let night fall unhurried; let the taste, colour, texture of a dense, ripe mango take shape overhead.

Las noches en Margarita eran sólidas. Dejaban sentir su peso en el techo, en las paredes blancas de la casa donde nos alojábamos. No me dejaban dormir: llamaban insistentemente a la puerta, jadeando y rasguñando la madera con sus patas. Luces apagadas, echado sobre la cama, la ventana se empañaba de tanto mirarla.

Dormía sin arroparme, desnudo, con la noche adensada sobre mí, como otra piel contra mi piel. El deseo me hacía impaciente, pero no sabía qué esperaba. Noche porosa, miga brusca.

❧

Nights were solid on Margarita. They expressed their weight in the ceiling, in the white walls of the house where we stayed. They kept me from sleeping: they called out insistently from the doorway, panting and scratching at the wood. With the lights out, lying in bed, the window clouded up from all my looking.

I'd sleep naked and unblanketed, the dark condensed around me like another skin on my skin. Desire made me impatient, but I didn't know what I was waiting for. Porous night, brusque matter.

La isla como espacio para el deseo tal vez sea su figuración más antigua y tenaz. Desde la *Odisea* hasta *Gilligan's Island*, pasando por todas las permutaciones de los edenes insulares. Se trata de una fantasía pertinaz: Odiseo bien pudiera haber ido a Ogigia, la isla de Calipso, gracias a la magia menor de los folletos turísticos; Gauguin llegaría a Tahití tomando fotos para subirlas a su cuenta de Instagram; y los navegantes seguros de encontrar el paraíso terrenal bajo el sol omnipotente del Caribe hoy llegarían sudorosos en un crucero, por obra y gracia de alguna oferta pescada en la agencia de viajes.

❧

The island as a space of desire may be its oldest and most persistent figuration. From the *Odyssey* to *Gilligan's Island*, with all permutations of insular Edens in between. It's a tenacious fantasy: Odysseus easily could have travelled to Ogygia, home of Calypso, thanks to the minor magic of tourist pamphlets; Gaugin would have roamed Tahiti taking photos for Instagram; and sailors, certain of having discovered earthly paradise under the omnipotent Caribbean sun, would now sweatily disembark from a cruise ship, by the work and grace of some deal fished up by a travel agency.

No hay que olvidar los espacios donde la persecución del paraíso y el tratado político confluyen: la Atlántida de Platón, la Utopía de Thomas Moore – santo mártir de las islas imposibles –, la Bensalem de Bacon y la *Civitas Solis* de Campanella eran todas naciones insulares. Fantasmas de naciones impracticables, inadvertidas pesadillas del futuro.

❦

We can't forget the spaces were the pursuit of paradise and political treaties converge: the Atlantis of Plato, the Utopia of Thomas Moore (martyred saint of impossible islands), the Bensalem of Bacon, and the *Civitas Solis* of Campanella were all island nations. Ghosts of unfeasible countries, inconspicuous nightmares of the future.

No solamente en los viajes de Lemuel Gulliver hallamos representaciones paródicas de estas sociedades isleñas *ideales*: a inicios del siglo XVIII un impostor conocido como George Psalmanazar publicó *An Historical and Geographical Description of Formosa, and an Island Subject to the Emperor of Japan*. Formosa, nombre que por aquel entonces se le daba a Taiwán en Occidente, fue el espacio propicio para la imaginación de este hombre: para ella inventó una comunidad adaptada a los deseos y temores de la Inglaterra de su época, amalgama de relatos de viaje, crónicas de Indias y cierta imaginería sobre tierras lejanas que databa de la antigüedad grecolatina. Incluso poseía algo que las otras islas ficcionales no tenían: una lengua propia. La isla de Psalmanazar podía estar hueca, pero sus habitantes eran capaces de hablar entre sí.

La disposición a creer lo relatado por Psalmanazar habla del poder de lo insular en nuestra cultura: siempre que suceda en una isla, cualquier cosa es posible.

Not only in the travels of Lemuel Gulliver do we find satirical representations of these *ideal* island societies. In the early eighteenth century, an impostor known as George Psalmanazar published *An Historical and Geographical Description of Formosa, an Island Subject to the Emperor of Japan*. Formosa, the name then ascribed in the West to Taiwan, was the perfect space for this man to loose his imagination: he invented a community for it, one adapted to the fears and desires that marked the England of his time, an amalgamation of travel accounts, conquistador chronicles, and imagery of distant lands dating back to the Greco-Roman world. It even possessed something that other fictional islands did not: a language of its own. Psalmanazar's island may have been hollow, but its inhabitants were able to converse among themselves.

The willingness to believe such accounts attests to the power of islands in our culture: as long as it happens on an island, anything is possible.

No se trata de un deseo cualquiera; no es la isla como simple *locus amœnus*, zona cerrada, domesticada, amable. Antes bien, se trata de la isla como sitio del deseo más inalcanzable, casi inhumano. Así pareciera insistir en encarnar en la imaginación occidental. La antigüedad grecolatina nos legó las llamadas Islas Bienaventuradas o Islas Afortunadas que, desde su primera mención en Hesíodo y hasta el *Paraíso de dulzura* que Héctor Lavoe reparte en valles, montes y praderas, parecieran buscar nuevas encarnaduras.

Islas ociosas, lejanas tierras indolentes donde la felicidad es inevitable, cuyo clima es una caricia certera y cuyos longevos habitantes subsisten gracias a los frutos que caen espontáneamente en sus manos. Islas que duermen una siesta perpetua.

❧

This isn't just any old desire. The island isn't a mere *locus amœnus*, a closed-off area, domesticated, friendly. On the contrary: the island is the site of the most unattainable, almost inhuman longing. Or so the Western imagination seems to insist on expressing it. Greco-Roman antiquity bequeathed us the Fortunate Isles or the Isles of the Blessed, which have always seemed – as of their very first mention in Hesiod and all the way up to the "Paraíso de dulzura" that the Puerto Rican salsa singer Héctor Lavoe distributes across valleys, mountains, and plains – to search for new incarnations.

Idle islands, distant, indolent lands of inevitable happiness, where the weather is a confident caress and whose long-lived inhabitants subsist on the fruit that falls unprompted into their hands. Islands subsumed in a perpetual siesta.

Ibn Jaldún, llamado Abenjaldún por algunos de sus contemporáneos, aseguraba que a las Islas Eternas sólo se podía llegar gracias al azar o la voluntad divina, ya que los fuertes vientos que las rodeaban podían truncar cualquier viaje.

☙

Ibn Khaldun asserted that the Eternal Islands could only be reached by chance or divine will, as their strong surrounding winds could put an end to any voyage.

Para la China de la dinastía Qin, hacia el este, a través del gran océano, yacían cinco islas: Penglai, Fangzhang, Yingzhou, Daiyú y Yuanyiau. En ellas morarían sabios, rodeados de animales blancos como la nieve o la ceguera, sustentados con hierbas que espantarían a la muerte.

El emperador escogió a Xu Fu, sabio de la corte, para la misión de dar con las islas. Dos expediciones le tomó a Xu Fu desaparecer sin dejar rastro, junto a su multitudinaria tripulación. Sima Quian, Fan Ye y otros historiadores fueron incapaces de indicar qué pudo haber pasado con él, pero todos coinciden en asumir que halló una tierra fértil donde instalarse y hacerse coronar rey.

Se dice que si alguna nave se acercaba a las islas de los inmortales, éstas se hundirían súbitamente.

❧

For Qin-Dynasty China, heading east over the great ocean, there were five islands: Penglai, Fangzhang, Yingzhou, Daioyu, and Yangzhou. Wise men dwelled there, surrounded by animals as white as snow or blindness, who fed on herbs to scare off death.

The emperor chose Xu Fu, court sorcerer, for the mission to find the islands. It took Xu Fu two expeditions to vanish into thin air, accompanied by his numerous crew. Sima Qian, Fan Ye, and other historians were unable to determine what had become of him, but they all assumed he found some fertile land where he settled and had himself crowned king.

It was said that if a ship were to approach the islands of the immortals, they would immediately sink into the water.

A partir de *Devisement du monde*, de Rustichello da Pisa siguiendo el relato de Marco Polo:

La isla de Anganiam es de una gran extensión, poblada de gentes
muy crueles y salvajes, que viven en medio de una gran brutalidad.
Adoran ídolos y se alimentan de arroz, leches y
carnes de todo tipo, incluso humana.

Es un pueblo deforme, brutal al ojo,
tienen la testa casi formada como la de un can,
con dientes y narices protuberantes, peludas,
como de mastín.

En esta isla —
maravillosa abundancia de toda suerte
de aliños aromáticos —

[continued over]

❦

After *Devisement du monde*, by Rustichello da Pisa, following Marco Polo's account:

The isle Anganiam is vast, populated by a most cruel and
savage people who live in great brutality.
They worship idols and ingest rice, milks,
and meats of all kinds, including human flesh.

They are a deformed people, brutal to the eye,
their heads shaped almost like that of a dog,
with bare, protruding teeth and snouts,
like that of a mastiff.

On this isle —
wondrously abounding in all manner
of aromatic herbs —

diversas especies de árboles que cargan
frutos extraños
de esos que no conocemos en los países del poniente.

La isla yace en un mar tan turbulento y tan profundo
que las naves no pueden anclar allí o navegar lejos de ella, pues
las barre hacia un golfo del que nunca pueden escapar.
Allí el mar es tan tempestuoso,
 que continuamente devora la tierra,
    arrancando árboles de raíz,
 tumbándolos y arrastrándolos
    al agua.

❧

many kinds of trees that bear
strange fruit
the likes of which are unknown to those of us who dwell in western
countries.

The island lies in a sea so turbulent and deep
that ships cannot weigh anchor there or sail far from it,
for it sweeps them into a gulf from which they can never escape.
There, so tempestuous is the sea
                    that it continuously engulfs the land,
            snatching up trees by the root,
felling and dragging them
            into the water.

Al-Jwarizmi, siguiendo una larga tradición que puede remontarse hasta Ptolomeo, identificaba a las Islas Afortunadas con las actuales Canarias. E Ibn Jurradadbih, bebiendo de las mismas fuentes, hacía de ellas uno de los puntos extremos del mundo, bañadas ya por el Mar de las Tinieblas. Tiene sentido: si había que localizar el fin del mundo en algún lugar, tenía que ser en una isla.

❧

Al-Khwarizmi, following a long tradition that dates back to Ptolemy, identified the Fortunate Isles as the present-day Canary Islands. And Ibn Khordadbeh, drinking from the same fountainhead, designated them as one of the far points of the world, bathed by the Sea of Darkness. It makes sense: if the end of the world had to be pinned down somewhere, it would surely be an island.

Islas al borde del cosmos, en la orilla misma de la memoria. En el portulano de Angelino Dulcert aparecen representadas, además de las legendarias ínsulas de Antil y Brasil, la isla de Lanzarote – donde se lee *Lanzarotus Marocelus*, el nombre de su primer habitante europeo en siglos, Lanceloto Malocello.

Genovés de nacimiento, se dice que desembarcó en la isla y vivió por veinte años en ella, hasta ser expulsado en circunstancias que aún están por aclararse.

Al parecer, había llegado allí siguiendo el rastro de la *Sant'Antonio* y la *Allegranza*, naves de los hermanos Vivaldi – Ugolino y Guido –, zarpadas de Génova en 1291 con intención de llegar a la India.

[continued across]

❧

Islands at the edge of the cosmos, on the very shores of memory. Angelino Dulcert's portolan chart displays, in addition to the legendary isles of Antil and Brasil, the island of Lanzarote: annotated as *Lanzarotus Marocelus*, the name of its first European inhabitant in centuries, Lanceloto Malocello.

Born in Genoa, it is said that Malocello disembarked on the island and lived there for twenty years, until he was expelled under still-unknown circumstances.

It seems that he had arrived by following the trail of the *Sant'Antonio* and the *Allegranza*, ships captained by the Vivaldi brothers, Ugolino and Guido; the vessels had set sail from Genoa in 1291 in hopes of reaching India.

48

Jacopo d'Oria cuenta que iban con ellos dos monjes de la orden franciscana. Algunos piensan que murieron a la altura de Senegal; otros, que naufragaron en el Archipiélago Chinijo, en las Canarias, una de cuyas islas se llama Alegranza; aún otros, que fueron capturados por los súbditos del Preste Juan y retenidos como rehenes.

❧

Jacopo d'Oria narrates that they were accompanied by two Franciscan monks. Some believe that they died off the coasts of Senegal; others, that the ship went down in the Chinijo Archipelago, near the Canary Islands, one of which is called Alegranza; still others, that they were captured by subjects of Prester John and kept as prisoners.

Otra de las islas que marcaban el límite del universo era Tule, al norte. En su *Carta Marina*, Olaus Magnus la representa rodeada de inmensas criaturas: un leviatán de espalda astillada, boca abierta y ojos inyectados de sangre; un jabalí acuático de piel escamada y broncínea; una *balena* y una *orcha* colmilludas, quizás enfrascadas en una lucha a muerte.

Tule se ve habitada e inalcanzable: las bestias de tinta que la rondan hacen imposible llegar a ella. Un oleaje de líneas impares les sirve de hábitat.

❧

Another island that marked the limits of the universe was Thule, in the north. In his *Carta Marina*, Olaus Magnus depicted it as surrounded by enormous creatures: a spear-backed leviathan, open-mouthed, eyes bloodshot; a sea boar with bronzed, scaly skin; a toothy kind of *balena* and *orcha*, respectively, locked, perhaps, in a fight to the death.

Thule looks inhabited and unreachable: the inky beasts encircling it make it impossible to get there. Their habitat is a swell of uneven lines.

Piteas, el marinero griego nacido en Marsella, fue el primero en mencionar a Tule. A lo largo de los siglos, su testimonio – que sólo sobrevive, fragmentario, en boca de terceros – ha sido desacreditado y confirmado en numerosas ocasiones. Se cuenta que navegó el Mediterráneo y el Atlántico, hasta alcanzar Britania y las Islas Feroe.

De Tule afirmó que era una isla al borde del cosmos, donde los elementos no subsistían separados entre sí, sino anudados en una misma materia viva, palpitante.

Si había que localizar la substancia primordial de lo existente, tenía que ser en una isla.

❧

Pytheas, the Greek sailor born in Massalia, was the first to mention Thule. Over the centuries, his testimony – which persisted, fragmentary, in the words of others – has been disaccredited and confirmed many times. He claimed to have sailed the Mediterranean and the Atlantic until he reached Britain and the Faroe Islands.

As for Thule, he described it as an island on the edge of the cosmos, where the elements weren't separate from one another, but rather enmeshed in the same living, pulsing matter.

If we had to locate the primordial substance of life itself, it would have to be found on an island.

Islas afortunadas, eternas, bienaventuradas: marcadores cartográficos de lo inaccesible, que desde su lejanía total permiten organizar el mínimo mundo de lo humano, otorgarle dimensiones transitables.

Islas que siempre están un poco más allá. Islas permanentemente aplazadas.

❧

Fortunate, eternal, blessed islands: cartographic markers of the inaccessible, their utter remoteness organising the miniscule human world, granting it travelable dimensions.

Islands that are always a little bit beyond. Islands permanently postponed.

Por la Punta de la Orchilla, en El Hierro – la menor de las Canarias – solía pasar el meridiano cero. Raya que cruzaba sonámbula, dividiendo el globo en dos.

Hoy un faro despechado señala ese punto, como un dedo alzado pidiendo permiso para hablar.

Unos pocos kilómetros más allá, en un pueblo llamado Isora, nació mi abuela.

❦

The prime meridian once passed through Punta Orchilla on El Hierro, the smallest of the main Canary Islands. A stripe that sleepwalked its way over, dividing the globe in two.

Today, a spiteful lighthouse gestures to this point like a raised finger, asking permission to speak.

A few kilometers away, my grandmother was born in a town called Isora.

Cuando visité El Hierro por primera vez, encontré un lugar que no se parecía en nada a los recuerdos prestados que tenía. Encontré una isla adormecida y escueta, bronca como una mano cerrada.

Plantas que nunca había visto se aferraban a sus paredes escarpadas. Brotes que se multiplicaban como por metástasis, como una erupción en un cuerpo opaco y vivo. En algunas zonas altas, pinares nublados.

❧

When I visited El Hierro for the first time, I found a place that bore no resemblance to my borrowed memories. I found a stark and sleepy island, rough as a fist.

Unfamiliar plants clung to its rocky walls. Burgeons multiplying as if by metastasis, like an eruption in a body, alive and opaque. Cloudy pine forests higher up.

El Hierro ha sido llamada *Pluvialia*, lluviosa, y *Ombrios*, sombría. En su *Historia Naturalis*, Plinio el Viejo afirma que el primero de estos nombres se debe a que en la isla no hay más agua potable que la proveniente de la lluvia.

Cada día, sobre ella, el cielo blando como una encía.

❧

El Hierro has been called *Pluvialia*, rainy, and *Ombrios*, shadowy. In his *Historia Naturalis*, Pliny the Elder states that the first of these names was due to the fact that the island had no potable water other than rainfall.

Every day, the soft sky like a gum above it.

Me recuerdo en ella desdibujado, mate, descubriendo otras formas para ese deseo que se hizo a imagen y semejanza de mi cuerpo. Bajo esa isla volcánica, un nuevo subsuelo para mi infancia.

❧

I remember myself there, blurred, matte, discovering other forms for the desire that made itself in my body's image. Beneath that volcanic island was a new subsoil for my childhood.

Dicen que el Garoé, el árbol sagrado de los bimbaches –
los habitantes originales de El Hierro – se encontraba en
un altísimo emplazamiento, donde se alzaba su tronco
grueso como si se tratara de un pecho, coronado por
hojas como palmas extendidas.

En su *Relazione*, Antonio Pigafetta cuenta que las hojas
condensaban la humedad de la niebla y la destilaban en
agua para que los lugareños pudieran beber.

Una tormenta arrancó de cuajo el Garoé hace siglos,
como si las nubes hubieran decidido vengarse por lo que
se les había robado. Los isleños no consiguen ponerse de
acuerdo sobre la especie a la que pertenecía el árbol.

❧

It's said that the Garoé, the sacred tree of the Bimbaches
– the original inhabitants of El Hierro – was found on a
high ridge, where it thrust out its thick trunk like a chest,
crowned with leaves like spread palms.

In his *Relazione*, Antonio Pigafetta narrates that the leaves
collected the fog's humidity and distilled it into water for
inhabitants to drink.

A storm uprooted the Garoé centuries ago, as if the
clouds had decided to avenge what had been stolen from
them. The island-dwellers can't agree on the species the
tree belonged to.

No dejo de imaginar las raíces del Garoé, hincadas con paciencia mineral, extendiendo una lenta filigrana oscura en el suelo de la isla.

❧

I constantly imagine the roots of the Garoé, swollen with mineral patience, spreading a slow, dark filigree across the island floor.

Las islas son el espacio de lo secreto. Sus costas guardan lo que no puede ser alcanzado a través de la simple tecnología del caminar. Figura básica de lo Otro, el misterio es el correlato necesario del ámbito conocido, el basamento de lo familiar. Lo incógnito sostiene una larga complicidad con la fuerza de gravedad: ambos ordenan el mundo.

❧

Islands are a space of secrecy. Their coasts protect what can't be glimpsed through the simple technology of walking. As a basic figure of the Other, mystery is the necessary correlative of the known realm, the foundation of the familiar. The unknown has always acted in cahoots with gravity: both organise the world.

A partir de Chita: *A Memory of Last Island*, de Lafcadio Hearn:

En el lado de estas islas que daba hacia el Golfo se nota que los árboles — cuando hay árboles — se inclinan alejándose del mar. E incluso en días brillantes, calientes, cuando duerme el viento, hay algo grotescamente patético en su apariencia de terror agónico.

Recuerdo especialmente un grupo de robles en Isla Grande: cinco siluetas detenidas en fila contra el horizonte, como mujeres que huyeran con vestidos ondeantes y cabellos sueltos — dolorosamente inclinadas, alzando los brazos, tratando de salvarse.

❧

After *Chita: A Memory of Last Island*, by Lafcadio Hearn:

On the Gulf side of these islands, you may note that the trees — when there are any trees at all — twist away from the sea. Even on bright, hot days when the wind is dormant, there is something grotesquely pathetic in their expression of agony and terror.

I remember certain things being especially suggestive: five shadows stooped in line against the horizon, like women fleeing, clothes streaming, the wind in their hair — bowing in anguish and flinging up their desperate arms as to keep themselves from plunging off a cliff.

Antes de los Jim Hawkins y Long John Silver del *Treasure Island* de Stevenson, ya Simbad había topado con secretos de valor incalculable en sus travesías. En una isla, por ejemplo, se encontró con un huevo de la temible ave Roc, gigante pájaro del cual afirman que sólo puede haber uno a la vez.

❧

Before Jim Hawkins and Long John Silver of Stevenson's *Treasure Island*, Sinbad had already stumbled onto secrets of incalculable value during his adventures. On one island, for example, he found an egg laid by the fearful Roc, an enormous bird of prey. It was said that only one such egg could exist at a time.

¿Y Darwin no dio acaso, en esas islas del tesoro que fueron para él las Galápagos, con un secreto largamente guardado a simple vista?

Pinzones como sextantes y compases que permitían adentrarse en un mar desconocido.

❧

And didn't Darwin, on those treasure islands that the Galapagos were to him, chance on a secret long kept in plain view?

Finches like sextants and compasses that let him delve into an unknown sea.

He oído decir que en ciertos países, revelar la ubicación de islas estratégicas se castigaba cosiendo los labios y los párpados de quien había divulgado el secreto.

I've heard it said that in certain countries, revealing the location of strategic islands was punished by stitching shut the lips and eyelids of the secret-sharer.

Al-Idrisi cuenta que a las Islas Comoras – cuyo nombre remite a la palabra árabe para *luna* – fue a dar el rey Salomón, ya anciano, en busca de su amada reina de Saba. Vana pesquisa: en el cráter del volcán Karthala solo consiguió dar con su trono oculto.

❧

Al-Idrisi recounts that King Solomon, in his old age, travelled to the Comoro Islands – whose name evokes the Arabic word for *moon* – in search of his beloved Queen of Sheba. A futile inquiry: in the volcanic crater of Mount Karthala, he found only her hidden throne.

El Karthala sigue activo hoy en día.

❧

Mount Karthala is still active today.

En las profundidades del océano Índico, donde se encuentran las Comoras, habita el celacanto, más fantástico que todos los monstruos que recorren las cartas de navegación, más antiguo que muchas de las islas que puntean el mar como un braille disperso. Pez gutural, cuya corteza suma en sus hendiduras millones y millones de años. Pez de memoria imposible, de ojos lechosos, carnívoro de arrecifes breves.

☙

In the depths of the Indian Ocean, where the Comoro Islands are found, dwells the coelacanth, the most fantastical of all the beasts to travel the nautical charts, older than many of the islands that dot the sea like scattered Braille. A guttural fish, whose skin condenses millions and millions of years in its clefts. Fish of impossible memory, two milky eyes, carnivore of transient shoals.

Para mi adolescencia, el misterio de las islas estaba cifrado en sus cuerpos. En Tenerife, el verano cuajaba en brazos brillantes, en muslos mordidos por el sudor y el salitre, en piel arisca. En las costas margariteñas, el calor cítrico abría los cuerpos, los devolvía unos a otros como una pertenencia perdida.

La anatomía se hacía sonora, batía y hacía eco, cuero que vibra de hambre, de sed. Era despertar a la vigilia de otra sangre.

❦

By my teenage years, the islands' mystery was encoded in its bodies. In Tenerife, the summer crystallized in gleaming arms, in thighs bitten by sweat and saltpetre, in gruff skin. On the Margarita coasts, the citric heat opened bodies bare, returned them to each other like mislaid belongings.

Anatomy turned audible, churned and echoed, hides thrumming with hunger and thirst. It meant rising to the wakefulness of a different blood.

Esos soles abiertos y salados, esas playas de labios secos, ese cielo descolgado como una carcajada —

sin estas islas, que son mías, de otros y de nadie, no tendría cómo andar por el mundo.

Those open, salty suns, those dry-lipped beaches, that sky unhooked like a burst of laughter —

without these islands, which are mine and someone else's and no one's at all, I wouldn't know how to move around the world.

Algunos aseguran que Margarita fue bautizada así por la abundancia de perlas que había en sus costas. El vocablo proviene del latín *margarita* – el cual a su vez viene del griego *margarítes* –, que quiere decir perla.

Paraguachoa fue su primer nombre dado. Así la llamaban los guaiqueríes, sus pobladores iniciales. Sus orígenes siguen siendo oscuros: no se sabe a ciencia cierta si su parentela eran los warao, los arawacos o los cumanagotos.

¿Se quedan en ellas los viejos nombres de las islas, como conchas vacías o como un mineral comprimido y aquietado por el paso fósil de los años? ¿Los erosiona la impaciencia del mar y el viento? ¿Los ciega la claridad obsesiva del trópico o la nieve de los círculos polares?

❧

Some claim that Margarita was named for the abundant pearls along its coasts. The word comes from the Latin *margarita*, which comes, in turn, from the Greek *margarítes*, which means pearl.

Paraguachoa was its first given name. It was christened thus by the Waikerí, its initial inhabitants. Their origins remain obscure: we don't know for certain whether their kin were the Warao, the Arawak, or the Cumanagoto.

Do islands still harbour their oldest names, like empty shells or some mineral compressed and soothed by the fossil-pace of passing years? Are they are eroded by the sea's and wind's impatience? Are they blinded by the obsessive clarity of the tropics or the snows of the polar circles?

Quizás pescar las perlas de Margarita era una manera de obligarla a revelar su secreto. Imagino a los buceadores abrazados por el agua, masa cruda en manos descomunales y azules, presionada, casi aplastada. Sintiendo cómo los miembros se movían torpemente, luchando cuerpo a cuerpo con el agua, con un ámbito que los desconocía y rechazaba. Los pulmones a punto de reventar como bolsas de papel.

¿Qué secreto puede descubrirse sin aguantar la respiración?

❧

Maybe diving for the pearls of Margarita was a way of forcing it to reveal its secret. I imagine the divers embraced by the water, raw matter in colossal blue hands, pressured, nearly crushed. Feeling the clumsy shifts of their limbs, grappling body-to-body with the sea, with an environment that didn't recognize and thus rejected them. Their lungs about to pop like paper bags.

What secret can be divulged without holding your breath?

Y los clavadistas, inevitablemente detenidos en el aire, suspendidos entre el momento previo al salto y la zambullida. El vértigo acre en la boca, el cuerpo entero como un trazo frío, limpio. Fotografía a medias velada por el resplandor de la mañana.

❦

And the divers, inevitably halted in midair, suspended between the moment before the leap and the eventual plunge. The acrid tang of vertigo in their mouths, their entire bodies like a brushstroke, cold and clean. A photograph half-exposed by the dazzle of the morning.

El secreto que guardan las islas colinda, por momentos, con el horror. Durante siglos, nuestro imaginario se ha poblado de costas temibles, de archipiélagos donde el asombro del hallazgo se troca en un pánico duro, un plomo que nos ahonda el estómago.

❦

The secret guarded by the islands sometimes borders on horror. For centuries, our imaginations have teemed with fearful coasts, with archipelagos where the wonder of encounter morphs into hard-edged panic, a clump of lead that hollows our bellies.

A partir de la *Cosmographie Universelle*, de André Thevet:

[...] & *aquella isla que llaman de los Demonios, que es la más grande & más bella, pero actualmente deshabitada a causa de las grandes ilusiones & fantasmas que allí se ven, por la astucia & cautela de los diablos. [...] Lo que se ve en esta isla, & lugares cercanos al mar, es que hay espíritus tan atormentados que aúllan. Lo cual es verdadero, & me fue dejado saber, no por uno, sino por infinitos Pilotos & Marineros, con los cuales largamente he viajado, que luego que pasan por esta costa, como fueran agitados por una gran tempestad, escuchan en el aire, cerca como la cola del vigía & el mástil, estas voces de hombres, haciendo gran ruido, sin que entiendan nada formado de sus palabras, solamente un tal murmullo, como el que oyérase un día en medio de salas públicas. Estas voces les causan cien veces más terrores que la tormenta que los vecina.*

❧

After *Cosmographie Universelle*, by André Thevet:

... & *that isle said to be of the Demons, which is the largest & most beautiful, but currently uninhabited due to the great illusions & specters glimpsed there, given the guile and prudence of the devils... What is visible on this island, & places close to the sea, is that there are spirits so tormented that they howl. Which is true, & it was made known to me, not by one, but by infinite Pilots & Sailors, with whom I have long traveled, who, once they pass along these shores, as if they had been shaken by a wild tempest, here in the air, near as the crow's nest of the lookout & the mast, the voices of men, speaking in an uproar, though their words are impossible to understand, just a murmur like what one might hear in the middle of public halls. These voices cause them one hundred times more terror than the approaching storm.*

73

Imágenes turbadoras, casi oníricas, como aquella isla completamente formada por hormigas que Máel Dúin encontró en sus viajes.

❧

Disturbing, almost dreamlike images, like that island made entirely of ants that Máel Dúin encountered on his voyages.

O aquella tierra que Ibrahim Ibn Wasif Shah llama Isla del Alcanfor, cuyos habitantes caníbales devoran de sus víctimas el cuerpo salvo la cabeza, la cual depositan en alcanfor y perfuman, para luego colgarla en sus casas. A ella dirigen toda suerte de preguntas, con genuina devoción.

❧

Or that land that Ibrahim ibn Wasif Shah called the Isle of Camphor, whose cannibalistic inhabitants devour the bodies of their victims, except for the heads — which they deposit in camphor and steep in fragrance before they hang them up in their homes. They ask the heads all kinds of questions, with real devotion.

O islas avaras que atrapan a quien desembarca en sus orillas. Como la tierra de los lotófagos, de la que Odiseo debió arrancar a muchos de sus hombres. Isla que tal vez sea esa que Estrabón llama Meninx, que Ptolomeo denomina Gerra y que en español llamamos Yerba, en la costa tunecina.

Hace pensar en la Isla de la Alegría que Bran, hijo de Febal, encontró en su recorrido. Según cuenta en *immram* irlandés *The Voyage of Bran*, estaba enteramente poblada por hombres que no podían parar de reír. Quien la pisaba caía al suelo, rendido por las carcajadas, y ahí permanecía.

🍂

Or miserly islands that entrap whomever disembarks on its shores. Like the land of the lotus-eaters, from which Odysseus had to wrest away many of his men. The island that may be the same one Strabo called Meninx, Ptolemy called Gerra, and in Spanish we call Yerba, off the coast of Tunisia.

It evokes the Island of Joy that Bran, son of Febal, discovered on his journey. According to the Irish *immram* titled *The Voyage of Bram*, it was populated entirely by men who couldn't stop laughing. Anyone who set foot on it would fall to the ground, overcome with fits of laughter, and there he would stay.

O aquella otra que Máel Dúin halló, donde era imposible alcanzar la playa sin ser vencido por la más honda tristeza, quedando hecho un ovillo en el sitio, junto a las olas, sollozando. Isla de los Lamentos, la llamó.

Or that other land, located by Máel Dúin, whose shores were impossible to reach without being subsumed by the deepest sorrow, curling up into a ball at the edge of the waves, sobbing. The Isle of Laments, he called it.

O incluso esas otras que menciona Estrabón, las islas de los comedores de tortugas, cuyos pobladores hacen sus viviendas bajo los montones de algas que deja la marea y arrojan ritualmente a sus muertos al agua, para que sean devorados por peces ciegos. Sus huesos, según afirman, servirán de materia para el arrecife.

Navegan sobre grandes caparazones.

Or even those other islands mentioned by Strabo, the islands of turtle-eaters, whose inhabitants forge their dwellings under the heaps of seaweed cast up by the tide, and who ritually drag their dead into the water, so that they may be eaten by blind fishes. Their bones, it is said, would serve as building material for the coral reef.

They sail on top of enormous turtle shells.

Pero el horror no pertenece solo al ámbito de lo imaginario. La isla ha sido una de las víctimas predilectas de la rabia de la historia. Se la ha convertido en artefacto de encierro y represión.

Pienso en Cabo Verde, centro esclavista durante siglos. En los llamados *ingenios*, las plantaciones de caña y café y cacao que brotaron por el Caribe con saña y sangre. En Rapa Iti, en medio del Pacífico, azotada por guerras intestinas, epidemias de disentería y viruela, incursiones de traficantes de esclavos. En Trujillo. En Papa Doc. En las sucesivas ocupaciones de los imperios de turno. En la bancarrota ideológica y social de la Cuba revolucionaria. En la llamada *Île du Diable*, Isla del Diablo, en la Guyana Francesa, cárcel de la que nadie escapaba.

Piedra, acero, sudor y desesperación, todo comido por la sal y la herrumbre.

🍂

But horror doesn't belong to the imaginary realm alone. The island has been among the favourite victims of historical rage. It has become an artifact of imprisonment and oppression.

I think of Cape Verde, a hub of the slave trade for centuries. Of the so-called *ingenios*, the cane and coffee and cacao plantations that sprang up across the Caribbean amid blood and brutality. Of Rapa Iti, in the middle of the Pacific, gutted by internal warfare, by dysentery and smallpox epidemics, by incursions of slave traders. Of Trujillo. Of Papa Doc. Of successive occupations by one empire after another. Of the social and ideological bankruptcy of revolutionary Cuba. Of the so-called *Île du Diable*, Devil's Island, in French Guyana, a prison from which no one ever escaped.

Stone, steel, sweat, and despair, all corroded by salt and rust.

A partir de *Cinq Années de Ma Vie*, diario de Alfred Dreyfus mientras se hallaba preso en la llamada Isla del Diablo:

Noche del domingo 14 al lunes 15 de abril de 1895

Imposible dormir.
Esta celda, ante la que se pasea el guardia como un fantasma
aparecido en sueños, el escozor de todas los animales que
corren sobre mi piel,
de estar aquí metido cuando siempre y por doquier uno sólo
ha cumplido su deber,
todo esto sobreexcita mis nervios ya bastante sacudidos
y ahuyenta el sueño.

¿Cuándo pasaré una noche tranquila? Tal vez
no tenga ninguna otra, hasta la tumba. Será un alivio no
pensar más
en la maldad, la cobardía humanas.

[continued across]

❧

After *Cinq Années de Ma Vie*, the diary kept by Alfred Dreyfus during his imprisonment on the so-called Devil's Island:

The night of Sunday the 14th from Monday the 15th of April, 1985

Impossible to sleep.
This cell, before which the guard walks back and forth like a
ghost glimpsed in dreams, the sting of all the animals that
patter across my skin,
of being stuck in here when one has only and always and
everywhere fulfilled his duty,
all of this overexcites my already duly shaken nerves
and staves off slumber.

When will I sleep through a calm night? Perhaps
I never will again until the grave. It will be a relief
to cease thinking
of human evil and cowardice.

El mar, que escucho retumbar bajo mi tragaluz, siempre
ejerce en mí su fascinación rara. Mece mis pensamientos como
en otros tiempos, pero hoy son más bien opacos. Evoca
recuerdos queridos.

Otra vez me encuentro con la sensación violenta,
ya vivida en el barco,
la atracción profunda, casi irresistible,
del mar. Sus aguas mugientes
parecen llamarme con consuelo. Esta tiranía del mar sobre mí
es violenta; en el barco tuve que cerrar los ojos y pensar en mi
mujer para no ceder a ella.

❧

The sea, which I hear booming beneath my skylight, always
exerts its strange fascination on me. It sways my thoughts
as in other times, but they are more opaque today.
It evokes beloved memories.

Once again I am overcome by a violent sensation
I experienced aboard the ship:
the profound, almost irresistible attraction
of the sea. Its lowing waters
seem to call out to me in consolation. The ocean's tyranny over
me is brutal: on the ship, I had to shut my eyes
and think of my wife to keep from succumbing to it.

En pleno siglo XVI, Lope de Aguirre, quien firmó su declaración de guerra contra Felipe II como *el traidor*, alcanzó Margarita a través del Orinoco, participó en las luchas internas por el poder en el virreinato del Perú y dejar un rastro de masacre a su paso. En la isla apresó al gobernador, a quien ejecutó, así como a varios miembros de la comunidad.

❧

In the middle of the sixteenth century, Lope de Aguirre, who signed his declaration of war against Phillip II of Spain as *The Traitor*, reached Margarita by way of the Orinoco River, participated in the internal power struggles over the viceroyalty in Peru, and left a wake of massacres behind him. On the island, he captured the governor and executed him, as well as various other members of the community.

Muchas veces no nos damos cuenta: lo que sostiene a la isla es la sangre involuntaria de sus muertos. Los peces no conservan sus ojos, ni su voz queda enredada en el sargazo. Casi nada resta que dé testimonio por ellos.

❧

We don't often think of it: what sustains the island is the involuntary blood of its dead. The fish don't preserve their eyes, nor do their voices stay entangled in the sargasso weed. Almost nothing remains to give their testimony.

Los muertos quedan como un aguacero absorto.

Telas de araña en las esquinas de la casa y
el sonido de las tuberías salmodiando.

·❧·

The dead are reduced to a sort of downpour
after absorption.

Spiderwebs in the corners of the house,
the pipes chanting.

Luego de haber atravesado el infierno, con el rostro encenizado y los miembros cansados, Dante fue a dar a una costa inesperada. Los estudiosos no se ponen de acuerdo sobre el motivo de su viaje, pero Virgilio pareciera delatarlo: se le ha dado una segunda oportunidad para vivir, luego de que la locura lo atrapara de tal modo que por poco lo lleva a la muerte.

Más allá de la costa, en medio de un mar desconocido, se alza una isla que asciende. Dante todavía no lo sabe, pero en su cima se encuentra el Paraíso Terrenal. Virgilio se lava el rostro para que sea digno de llegar a su orilla. Sin mediar palabra, puso al descubierto el color que había ocultado el infierno. Ciertas regiones del más allá requieren llevar la cara descubierta.

❧

Crossing through, his face dark with ash and his limbs tired, Dante came upon an unexpected coast. Scholars don't agree on the motive of his journey, but Virgil seems to put his finger on it: he has been given a second chance at life, after his entrapment by a madness so ferocious that death almost claimed him.

Beyond the littoral, in the middle of an unknown sea, a towering island rises up before him. Dante doesn't know it yet, but on its peak is Earthly Paradise. It's Purgatorio.

Virgil washes his face to make himself worthy of approaching its shores. Without a word, he reveals the colour hidden by the Inferno. Certain regions of the beyond call for exposing one's face.

Imagino a Lope de Aguirre durmiendo inquieto en su tránsito por el Orinoco, acosado por mosquitos, perseguido por el miedo atávico de lo que pueda estar acechando en la selva o al fondo del río. Lo imagino dando vueltas, soñando con hallar en la desembocadura una isla que, de vuelta en vuelta, se estire largamente hacia el cielo. Su purgatorio cruento, repleto de almas en pena, escultura hecha de vértigo, que debería escalar sin Virgilio alguno.

Trepando, lo imagino trepando esa suerte de taladro que trepana la sien del cielo, ese monte de cúspide inalcanzable. Purgatorio sin paraíso, sin Beatriz y sin retorno.

❧

I imagine Lope de Aguirre sleeping fitfully on his trip along the Orinoco, beset by mosquitoes, plagued by the atavistic fear of what might be hunting him in the jungle or the river's depths. I picture him turning circles, dreaming of discovering an island in the estuary, a body of land that stretches vigorously skyward, one turn at a time. His bloody purgatory, swarming with souls, a sculpture forged of vertigo, through which he must ascend without a Virgil of his own.

Climbing. I picture him climbing this sort of drill that trepans the temple of the sky, that mountain with an unreachable summit. Purgatory with no Paradise, no Beatrice, no going back.

La isla de noche, cuerpo dormido y amenazante, sus luces inquietas como élitros, impacientes por echar a volar.

The island at night, a slumbering, threatening body, its lights restless as beetle-wings, itching to fly.

La isla es también un espacio para la soledad. Así ha quedado marcada en nuestro imaginario, mucho antes de náufragos como Alexander Selkirk o Pedro Serrano, precursores de Robinson Crusoe, santo mártir de las islas desiertas.

Puede que no haya mejor manera de formularlo que la que Jacques Roumain pone en boca de Annaïse en *Gouverneurs de la Rosée*: "J'écoute, je n'entends aucun bruit, on est comme sur un îlet, on est loin, Manuel, on est au fin fond du monde."

Escucho. No oigo ningún ruido. Estamos como en un islote. Estamos lejos, Manuel. Estamos en el fin último del mundo.

☙

The island is also a space for solitude. That's how it has been stamped on our imaginations, long before shipwreck survivors like Alexander Selkirk and Pedro Serrano, by precursors like Robinson Crusoe, holy martyr of deserted islands.

There may be no better way to say it than in words Jacques Roumain places in the mouth of Annaïse in *Gouverneurs de la Rosée*: "J'écoute, je n'entends aucun bruit, on est comme sur un îlet, on est loin, Manuel, on est au fin fond du monde."

I listen. I don't hear a sound. We're on a kind of islet. We're far away, Manuel. We're at the very end of the world.

Sarandib, según cuenta Abu Zaid al-Sirafi, es la mayor entre las islas que llaman al-Dibajat. En su interior se encuentra una montaña, cuya cima corona una huella humana: impronta del pie de Adán (sea con él la paz eterna) al descender del Paraíso.

Otros aseguran que se trata del rastro de Tomás el Apóstol, dejado durante la terca tarea evangelizadora que lo conduciría al martirio.

Aún otros están seguros de que se trata del pie de Buda, cuyo vestigio sería una invitación a seguir las cuatro nobles verdades.

Alrededor de la isla, las aguas están infestadas de perlas. Pequeños ojos de espuma.

❦

Sarandib, according to Abu Zayd al-Sirafi, is the largest of the islands he calls al-Dibajat. It contains a mountain, and the summit of that mountain is crowned with a human footprint: Adam's (eternal peace be with him), left behind on his ascent to Paradise.

Others insist it's a trace of Thomas the Apostle from the third evangelizing mission that would lead him into martyrdom.

Still others are certain that it's the footprint of Buddha, whose remnants would offer an invitation to follow the Four Noble Truths.

Around the island, the water is infested with pearls. Small eyes of foam.

De pronto viene a la mente Hiro Onoda, soldado japonés enviado en 1944 a la Isla de Lubang, donde permaneció leal al emperador Hirohito hasta 1974, luchando aún en la Segunda Guerra Mundial. Entre las pertenencias que se hallaban en su poder al rendirse había cartuchos de munición, granadas de mano, un cuchillo y su fusil Arisaka reglamentario, en perfectas condiciones.

❧

Suddenly I think of Hiroo Onoda, a Japanese soldier sent in 1944 to Lubang Island, where he remained loyal to Emperor Hirohito of Japan until 1974, refusing to surrender at the end of World War II. Among the objects found in his possession when he was finally relieved from duty were ammunition cartridges, hand grenades, a knife, and his regulation Arisaka rifle, all in perfect condition.

Hiro Onoda, solo a la manera de los exvotos dejados por marineros en las iglesias. Como aquellos que solían colgar en las paredes de la iglesia de Santa Teresa en Bormla, Malta. Hiro Onoda reducido a un ícono, a su propia silueta.

❧

Hiroo Onoda, alone as a votive offering left by sailors along the way. Like the kind hung from the walls of the church of Saint Theresa in Bormla, Malta. Hiroo Ononda reduced to an icon, to his own silhouette.

Hiro Onoda, solo a la manera de los *djinni* que menciona Ibn Wasif Shah, los habitantes de una isla en el océano Índico donde se hallaba el Valle del Clavo. Mercaderes desembarcaban en la isla y dejaban sus productos, para volver al día siguiente y encontrar en su lugar montones de clavos.

Hiroo Onoda, alone as the *djinni* mentioned by Ibn Wasif Shah, inhabitants of an island in the Indian Ocean that contained the Clove Valley. Merchants would disembark on the island and leave their wares, only to return the next day and find heaps of cloves in their place.

Hiro Onoda, solo a la manera de Bran, hijo de Febal, quien al volver a Irlanda no fue reconocido por nadie: su nombre y sus hazañas eran la materia de antiguas historias.

❦

Hiroo Onoda, alone as Bran, son of Febal, recognised by no one on his return to Ireland: his name and deeds were the stuff of ancient history.

Hiro Onoda, solo a la manera de alguien que ha muerto en el archipiélago Bijagós y se ve obligado, entonces, a llevar a cabo un itinerario preciso, yendo de isla en isla rigurosamente, hasta la última playa, donde una balsa lo llevará al más allá.

❧

Hiroo Onoda, alone as someone who has died in the Bissagos Archipelago – and is then forced to carry out an exacting itinerary, travelling rigorously from island to island until the final shore, where a raft will bear him into the beyond.

Hiro Onoda, aislado en el sentido más apegado a la letra. Combatiendo en una guerra ya perdida, extraviada en el tiempo y el espacio, fósil viviente.

Aislado: hecho isla. Rodeado por las corrientes sordas de la historia.

❧

Hiroo Onoda, isolated in the strictest sense of the world. Still fighting a lost war, waylaid in time and space, a living fossil.

Isolated: made an island. Surrounded by the deaf currents of history.

No man is an Iland, entire of itselfe, escribió John Donne en la décimo séptima meditación de sus *Devotions upon Emergent Occasions*: ningún hombre es una isla, enteramente en sí. *Every man is a peece of the Continent, a part of the maine*. Cada cual es un trozo del continente, parte de tierra firme.

Nadie es una isla – frase bautizada por los lugares comunes de la concordia. Un llamado a perforar la película que nos separa del otro, a extender la mano hacia lo ajeno. Sin embargo, no es la metáfora correcta. Todos somos islas, quisiera decirle a Donne, nacido en un reino insular; somos islas y es por eso podemos extender la mano hacia lo ajeno.

❧

No man is an Iland, entire of itselfe, wrote John Donne in the seventeenth meditation of his *Devotions upon Emergent Occasions*. *Every man is a peece of the Continent, a part of the maine*.

No man is an island: a phrase christened by the tropes of concord. A call to perforate the film that separates us from the other, to extend a hand to the unfamiliar. But this isn't the right metaphor. We're all islands, I'd like to tell Donne, born in an insular kingdom. We're islands, and that's why we can reach out to what we aren't.

Ser parte del continente ha sido nuestro error. Aceptar y asimilar como propia la mirada totalizante, que pretende generar masas de conocimiento sólido, inamovible, macizo. La lógica continental es la lógica del dominio.

Prefiero, no un espacio cósmico, que todo abarque, ni una visión sistemática, devoradora, sino lo pequeño, lo fragmentario, lo parcial. Un archipiélago de tierras consteladas por fuerzas que no son humanas. Las cosas al alcance de lo humano, no el universo conquistado.

❧

Being part of the continent: that has been our mistake. Accepting and assimilating the totalizing gaze as our own, the gaze that seeks to generate masses of fixed, solid, immutable knowledge. Continental logic is the logic of dominion.

I prefer not a cosmic, all-encompassing space, not a systematic, all-devouring vision, but the small, the partial, the fragmentary. An archipelago of lands bespangled with forces that aren't human. Things within the human reach, not the conquered universe.

La isla es el espacio del intercambio. Sólo por ello puede ser el espacio del deseo, del secreto o del horror: es el espacio de la otredad. Interminablemente abiertas al tránsito, a la circulación, las islas han sido el lugar del contrabando de materias e ideas, el traspaso inadvertido o el ejercicio pirata de hábitos y artes. Sin inmensos accidentes topográficos, sin más fronteras que las mareas y las corrientes, son el modelo mismo de la disposición hacia lo extraño, lo foráneo.

Vistas desde el aire, a veces pareciera que alguien las hubiera amasado. Pan áspero que comparte su miga.

❧

The island is a space of exchange. Only in that way can it be the space of desire, secrecy, or horror: it's the space of otherness. Interminably open to transit, to circulation, islands have always been a site of contraband goods and ideas, the undetected transfer or pirated exercises of arts and habits. Lacking vast topographical accidents, lacking any borders but the tides and currents, they are the very model of receptivity to the new, the foreign.

Seen from the air, they can look like kneaded dough. Rough bread that offers up its crumbs.

Tal vez sea por ello que presentan un terreno fértil para la imaginación. Tanto, que aún en nuestros mapas abundan islas inexistentes: hasta hace muy pocos años, Bermeja formaba parte de México y Sandy Island parte de Australia. No obstante, en sus coordenadas sólo queda el silencio de los peces.

(Puede que se hayan ido flotando).

ে

Maybe this is why they represent such fertile imaginative ground. So much so that our maps still abound with nonexistent islands: until just a few years ago, Bermeja was part of Mexico and Sandy Island part of Australia. But their coordinates are marked only by the silence of the fish.

(Maybe they just floated away.)

A partir de *The History of the World in Five Books*, de Walter Raleigh:

Por ende las ficciones
(o llamémoslas conjeturas)
pintadas en los mapas, sólo sirven para engañar a los
descubridores que apresuradamente las creen.

Por ello propongo recordar una buena broma de Don Pedro de
Sarmiento, un caballero español de valía, que había recibido
de su rey el encargo de plantar una colonia en el estrecho de
Magallanes. Cuando le pregunté, siendo él mi prisionero,
sobre una isla en ese estrecho, que yo pensaba podía haber
afectado su empresa, me respondió alegremente que debía
llamarse Isla de la esposa del pintor. Diciendo que, mientras
aquel hombre dibujaba el mapa, su esposa, sentada al lado,
quiso que pusiera un país para ella – que, en la imaginación,
pudiera tener una isla propia.

❧

After *The History of the World in Five Books*, by Walter Raleigh:

Therefore the fictions
(or shall we call them conjectures)
painted on maps serve only to deceive the discoverers
who so hastily believe in them.

I thus submit that we recall a fine joke by Don Pedro de
Sarmiento, a worthy Spanish gentleman, whose king had
granted him the charge of establishing a colony in the Strait
of Magellan. When I asked him, he being my prisoner, about
an island in that strait, which I thought might have affected
his enterprise, he responded cheerily that it must be called the
Island of the Painter's Wife. Saying that, while said man set
out to draw the map, his wife, seated beside him, wanted him
to put down a country for her – so that, in her imagination,
she might have an island of her own.

Desde la ventana de un avión, bancos de nubes se alzan en formaciones fugaces, a medio camino entre la piedra y el aliento.

Hacen pensar en las islas atisbadas en ciertas navegaciones, blancas como un ayuno, que luego era imposible volver a ubicar.

From the window of an airplane, shoals of clouds rise up in fleeting configurations, halfway between stone and breath.

They evoke the islands glimpsed on certain sailing routes, pale as a fast, impossible to locate afterward.

En las Islas Crozet, al sur del océano Índico, hay un cúmulo de rocas llamado *Îlots des Apôtres*, Islotes de los Apóstoles. Son diecinueve y tienen nombres como *L'Enclume*, *Le Clown*, *Rocher Fendu*, *La Sentinelle Perdue*, *Les Sentinelles du Diable*, *Le Donjon*, *L'Obelisque*, *Les Jumeaux*, *La Petite Aiguille*, *La Grande Aiguille*, *Le Torpilleur*.

Vaya apóstoles; me habían dicho que eran sólo doce. Pero me gustan más estos, remotos, rodeados de tanta hondura afónica, sin predicar la buena nueva de nadie. Apóstoles involuntarios, mansos bajo sus nombres.

Como si no pudiéramos resistirnos, e incluso ante un puñado de rocas tuviéramos que ejercer la facultad poética.

❧

On the Crozet Islands, in the south of the Indian Ocean, there's a group of rocks called *Îlots des Apôtres*, Apostle Islets. There are nineteen of them, and they have names like *L'Enclume*, *Le Clown*, *Rocher Fendu*, *La Sentinelle Perdue*, *Les Sentinelles du Diable*, *Le Donjon*, *L'Obelisque*, *Les Jumeaux*, *La Petite Aiguille*, *La Grande Aiguille*, *Le Torpilleur*.

Those are quite some apostles: I'd been told that there were only twelve. But I like these better: remote, surrounded by so much voiceless depth, unable to preach the good news to anyone at all. Involuntary apostles, docile in their names.

As if we couldn't help exercising our poetic bent, even if just to a smattering of rocks.

Una isla es un nodo: un *locus* cruzado por hilos venidos de lugares imprevisibles. Pone la diferencia en relación.

Basta que aparezca una para que toda la red de vínculos culturales cambie a su alrededor. Así fue con Ferdinandea, que ha aparecido y desaparecido en las costas sicilianas – siguiendo la actividad sísmica de la zona – desde la antigüedad hasta el siglo XIX, produciendo en cada ocasión toda suerte de luchas entre imperios, reinos y naciones.

Hoy en día, una bandera italiana hondea plantada en su suelo submarino, confundiendo a peces, medusas y ahogados por igual.

❧

An island is a node: a locus cut across by threads from unpredictable places. It brings difference into relation.

All it takes is the emergence of an island for an entire network of cultural ties to change around it. Such was the case with Ferdinandea, which has appeared and disappeared along the Sicilian coasts – according to seismic activity in the area – from ancient times until the nineteenth century, producing, every time, all kinds of conflicts among empires, kingdoms, and nations.

Today, an Italian flag flutters there, sunk deep into its underwater soil, confusing fish, jellyfish, and drowned human beings in equal measure.

Aseguran que Maui, el héroe maorí, era capaz de pescar islas. Muchos archipiélagos del Pacífico se deberían a su caña de pescar.

❦

It's said that Maui, the Maori hero, could catch entire islands. Many Pacific archipelagos would thus be the yield of his fishing rod.

Al oeste de El Hierro se encontraría San Borondón, incluida en numerosas cartas náuticas pero nunca encontrada. Ínsula de nubes o roca maliciosa que gusta de engañar a los navegantes sumergiéndose cuando estos se acercan.

Es mencionada en el Tratado de Alcáçovas, suscrito por Isabel la Católica y Fernando de Aragón, por un lado, y Alfonso V de Portugal, por el otro. En él se decide a quién pertenecerá la isla imaginaria.

To the east of El Hierro would have been Saint Brendan's Island, included on scores of nautical charts but never actually found. An isle of clouds or malicious rock that likes to trick sailors by vanishing into the waves when they approach.

It's mentioned in the Treaty of Alcáçovas, signed on one side by Isabella I of Castille and Ferdinand of Aragón and by Alphonse V of Portugal on the other. The treaty stipulates the owner of the imaginary island.

A partir de *Historie del S. D. Fernando Colombo; Nelle quali s'ha particolare, & vera relatione della vita, & de' fatti dell' Ammiraglio D. Christoforo Colombo, suo padre*, de Fernando Colón:

Por los quales indicios en la carta de navegación, & Mapamundi, que antiguamente fueron hechos, pusieron algunas antiguas Islas, en sus contornos,

& especialmente porque Arist. en el lib. de las cosas naturales mayores afirma que algunos mercantes cartagineses decían haber navegado por el mar Atlántico y haber visto una Isla fertilísima;

como muchos otros dirán copiosamente, la cual Isla algunos portugueses pusieron en sus cartas con el nombre de Antila:

[continued across]

❧

After *Histoire del S. D. Fernando Colombo; Nelle quali s'ha particolare, & vera relatione della vita, & de' fatti dell Ammiraglio D. Christoforo Colombo, suo padre*, by Fernando Colón:

By the signs chronicled on the nautical charts & Mapamundi, made long ago, certain ancient Islands were set down within its lines,

& especially because Arist. in the book of great natural things affirms that various Cartagenan merchants said to have sailed the Atlantic Ocean and to have glimpsed a most fecund island;

as many others shall copiously say, some Portuguese assigned this Island the name Antillia:

aunque no se conformara el hecho con Aristóteles, la pusieron a más de doscientas ligas hacia Occidente, partiendo de las Canarias,

& la llamaron Isla de los Astros, la cual tienen por cierto ser la Isla de las Siete Ciudades, poblada por portugueses del tiempo del rey Don Rodrigo, cuando la España fue toda tomada por los moros,

en el año 714 del nacimiento de Cristo. En cual tiempo se dice que se embarcaron siete diáconos, & con su gente, & con navíos anduvieron hasta aquella Isla, donde cada uno de ellos fabricó una ciudad;

& como no pensaran ya en el retorno a España, abrasaron las naves & todas las velas, & las otras cosas necesarias para el navegar.

❧

although this fact does not correspond to the account of Aristotle, it was placed over two hundred leagues to the West of the Canary Islands,

& they called it Isle of Stars, also called the Isle of Seven Cities, inhabited by Portuguese of the time of the king Don Rodrigo, when all of Spain was taken by the Moors,

in the year 714 after the birth of Christ. At which time it was said that seven deacons set sail, & with their people, & with their vessels sailed to that Island, where each one built his city;

& since they had abandoned all thoughts of returning to Spain, they burned the ships & all the sails, & all other things necessary for travel by sea.

Nos hemos acostumbrado a pensar en la navegación exclusivamente como un gesto imperial, a entender los mapas y las cartas navales como herramientas para el ejercicio del poder. Pero también es necesario subvertirlas: deslindarlas de su uso práctico y leerlas como ejercicios de ficción. Queda desarticulado su propósito dominador cuando las entregamos a los predios de la imaginación.

En el siglo XVI, Francisco Faleiro publicó un libro titulado *Tratado del esphera y del arte de marear*. Quisiera tomar este título y darle vueltas. Hacer del arte de marear una práctica, un modo de entender las islas y los tránsitos que las hilan. Navegaciones mareadas, abiertas a vaivenes, a contagios, a canjes y permutaciones y reciprocidades que desafían el pensamiento monolítico, toda noción de historia o cultura.

❧

We've gotten used to thinking of navigation as an exclusively imperial act, to understanding naval maps and charts as tools for the exercise of power. But it's also important to subvert them: to detach these things from their practical use and treat them as exercises of fiction. Their dominating purpose is dismantled when we submit them to the premises of the imagination.

In the sixteenth century, Francisco Faleiro published a book called *Tratado del esphera y del arte de marear*: Treaty on the Sphere and the Art of Seafaring. In Spanish, though, *marear* means both "to sail" – in an archaic use of the verb – and "to make dizzy." Making the art of dizziness a practice, a way to understand islands and the journeys that thread them together. Dizzied navigations, open to fluctuations, to contagions, to exchanges and reciprocities and permutations that challenge monolithic thought, every notion of history or culture.

Johannes Wülfer – Johannis Wulferi, como él mismo firma su *De Maioris Oceani Insulis* – aseveraba que en el mar Egeo había tantas islas como estrellas en la Vía Láctea.

Archipiélagos: constelaciones. Descontinentalizar la mirada: insularizar los continentes.

❧

Johannes Wülfer – Johannis Wulferi, as he himself signed his *De Maioris Oceani Insulis* – stated that there were as many islands in the Aegean Sea as stars in the Milky Way.

Archipelagos: constellations. To decontinentalise the gaze: to islandify the continents.

Dejar que el pensamiento se haga a la forma de esos archipiélagos cuya configuración no ha sido decidida solo por la mirada humana, sino también por las aves migratorias, los insectos que se confían a los vientos de largo aliento, las semillas de una vegetación vagabunda, las corrientes marinas libres de las aduana, los ademanes de las capas tectónicas mientras duermen. Meditar en archipiélago: ponerlo en relación inopinada, volátil y certera por igual.

Meditación que va de una orilla a otra del hallazgo, con el mismo asombro de un niño que, por primera vez, se encuentra rodeado de mar. La posibilidad de un peregrinaje interminable.

❦

To let our thinking shift to fit the form of those archipelagos whose configuration hasn't been determined by human eyes alone, but also by migratory birds, by insects entrusting themselves to long-term winds, by the seeds of roving vegetation, by ocean currents free of customs, by the fidgeting of tectonic plates as they sleep. To meditate archipelagically: to bring them into unexpected, volatile, yet unequivocal relationship.

A meditation that extends from one shore of discovery to the other, with the wonderment of a boy who finds himself surrounded by ocean for the first time. The possibility of an unending pilgrimage.

En el célebre Atlas catalán, atribuido a Abraham Cresques, hay una nota que consigna el número de islas que centellean en el océano Índico:

7548.

Todo alrededor de las tierras de Catayo – China, a grandes rasgos, con el Gran Khan en medio – parpadea. Tierras fragilísimas rodeadas por las corrientes, tierras como ojos minúsculos, islas pintadas de colores brillantes.

Es la primera carta náutica sobre la que figura una rosa de los vientos.

❧

The famous *Catalan Atlas*, attributed to Abraham Cresques, includes a note that confirms the number of islands twinkling across the Indian Ocean:

7548.

In the *Atlas*, everything around the lands of Catayo – the Kingdom of China, broadly speaking, with the Great Khan in the middle – sparkles. Delicate lands encompassed by currents, lands like tiny eyes, islets painted vibrant colours.

It's the first nautical chart to feature a compass rose.

Babel, figura por excelencia de la multiplicidad, quizás no era una torre. Quizás era una isla flotante.

O podría tratarse de las Nimrod Islands, cerca de la Antártida, que llevan el nombre del monarca babélico.

O podría ser New York, que un día de estos zarpará.

❧

Maybe Babel, the very emblem of multiplicity, wasn't a tower at all. Maybe it was a floating island.

Or maybe it could be the Nimrod Islands, near Antarctica, named after the Babylonian monarch.

Or New York, which will eventually weigh anchor and sail away.

Solo podía escuchar el repiqueteo del agua sobre los techos, obstinado mar vertical. Agua de altura lisa.

Todo en la isla se hacía de plomo. Todo lo que alcanzaba la mirada era fervor pluvial.

Estaba en la Península de Samaná, en República Dominicana, donde el tiempo se aturdía observando los patrones de la lluvia en el mar.

❧

All I could hear was the clatter of water on the roof, a stubborn vertical sea. Water of smooth heights.

Everything on the island turned to lead. Everything my eyes could reach was a pluvial fervour.

I was on the Samaná Peninsula, in the Dominican Republic, where time was stunned to watch the rain patterning the ocean.

En Port-of-Spain encontré los mismos pájaros que vuelan en Caracas. Kiskadee, cristofué: idéntico llamado de una rama a otra, aleteos como párpados.

Inmensa isla pajarera, la que llevo conmigo. Velando por ella, nubes quemadas como pasto.

❧

In Port-of-Spain, I saw the same birds that fly over Caracas. Kiskadee, *cristofué*: an identical call from one branch to another, wingbeats like lid-blinks.

An enormous aviary of an island is what I carry with me. Clouds scorched as grass protecting it.

Para los antiguos sumerios, el cosmos entero era una isla a flote sobre el océano primordial.

Pangeas inesperadas.

❧

To the ancient Sumerians, the entire cosmos was an island floating in the primordial ocean.

Unforeseen Pangaeas.

Como si cada isla fuera el inicio de una historia. Así voy inventando y reinventando las islas que me legaron, sin mar donde ponerlas. Dando forma a un archipiélago inconcluso, donde nada termina, donde las cosas comienzan una y otra vez.

Al final, las islas de mi vida tienen eso: su sol es el mismo de la infancia, su hambre es la misma, desbocada. En ellas viven los animales de la voz, sacudiendo su hojalata. En ellas se abrigan los recuerdos propios y ajenos más preciados, frutos incandescentes.

Es entonces cuando viene a la memoria la respuesta que Manuel le da a Annaïse en *Gouverneurs de la Rosée*: "Au commencement du monde, tu veux dire."

Quieres decir: al principio del mundo.

❦

As if every island were the beginning of the story. That's how I invent and reinvent the islands passed down to me, without a sea to put them in. Giving form to an unfinished archipelago, where things begin again and again.

In the end, this is what my life's islands have: their sun is the sun of childhood, their hunger identically wild. They're inhabited by the animals of voice, rattling their tin. They shelter the most-prized memories, mine and not mine, incandescent fruit.

This is when I remember Manuel's reply to Annaïse in *Gouverneurs de la Rosée*: "Au commencement du monde, tu veux dire."

What you mean is: at the beginning of the world.

ABOUT THE AUTHOR

Adalber Salas Hernández (Caracas, 1987) is a poet, essayist and translator. He is the author of several books of poems, such as: *Salvoconducto* (XXXVI Arcipreste de Hita Prize; Valencia, Pre-Textos, 2015. Translated into German by Geraldine Gutiérrez-Wienken and Marcus Roloff as *Aus dem Kopf durch die Nacht,* and published by Parasitenpresse on 2021), *mínimos* (Madrid, Amargord Ediciones, 2016), *La ciencia de las despedidas* (Valencia, Pre-Textos, 2018. Translated into English by Robin Myers as *The Science of Departures* and published by Kenning Editions on 2022, longlisted for the National Translation Award in Poetry), and *Nuevas cartas náuticas* (Valencia, Pre-Textos, 2022. Translated into Italian by Alessio Brandolini as *Nuove carte nautiche* and published Edizioni Fili d'Aquilone on 2023). He also has published *Insomnios,* a volume of essays on Venezuelan poetry; *Clarice Lispector: el lugar de la poesía* (Santiago de Chile, Ril Editores, 2019), on Clarice Lispector's work; *Palabras sin dueño. Variaciones sobre la traducción literaria* (Mexico City, Dirección de Literatura UNAM / Periódico de Poesía, 2019), a volume of essays on literary translation; *Isolario* (Santurce, Ediciones Aguadulce, 2019; Valencia, Pre-Textos, 2023); and *Retrato del traductor con cabeza de perro* (Madrid, Libros de la resistencia, 2023).

Salas Hernández has translated works by Marguerite Duras, Antonin Artaud, Charles Wright, Yusef Komunyakaa, Pascal Quignard, Mário de Andrade, Lorna Goodison, Louise Glück, Patrick Chamoiseau, Anne Boyer, Li Young-Lee, Roger Robinson, Frankétienne, Shara McCallum, Nicholas Laughlin, Jamaica Kincaid, Safiya Sinclair, Kendel Hippolyte, Édouard Glissant, Andre Bagoo, Richard Georges, and Mark Strand – among others.

His work has been anthologized in the collections *Ai margini di un mondo sconosciuto* (Rome, Edizioni Fili d'Aquilone, 2018; translated by Alessio Brandolini), *De ningún viaje se vuelve* (Guadalajara, Mantis Editores, 2019), and *Morir no es un arte* (Cáceres, Liliputiences, 2023).

He holds a Ph.D. in Spanish and Portuguese Languages and Literatures from NYU.

ABOUT US

Peepal Tree Press has been decolonising bookshelves since 1985 with our focus on Caribbean and Black British writing. We are a wholly independent publisher and part of the Arts Council of England's national portfolio since 2015. In 2024, we established a partnership with HopeRoad Publishing.

Peepal Tree's list features fiction, poetry and non-fiction, including academic texts and creative memoirs. By the end of 2024, we will have published 490 books by 320 different authors, including those published in our anthologies. Most of our titles remain in print. Our books have won the Costa Prize, T.S. Eliot, Forward, OCM Bocas, Guyana and Casa de las Americas prizes.

From the beginning, women and LGBTI authors have been fully represented in our lists. We have focused on the new by publishing many first-time authors and have restored to print important Caribbean books in all genres in our Caribbean Classics Series. We have also published overlooked material from the past as a way of challenging received ideas about the Caribbean canon.

We see decolonisation as about overthrowing and repairing oppressive, economically exploitative and racist power relationships. Many of our books explore the halting, difficult process of overcoming four hundred years of colonialism in the Caribbean in the post-independence period. But we also see decolonisation as needing to happen in Britain. We are committed to ending British amnesia over the destructiveness of empire and colonialism, including our role in the irreparable damage of nearly three centuries of slavery , and promoting an understanding of how Britain's long relationship with the Caribbean has contributed to the making of British society in ways that persist into the present. As a publisher, we have taken a stand on supporting Palestinian rights for freedom from a colonial occupation and denial of statehood. We hope that you enjoyed reading this book as much as we did publishing it. Your purchase supports writers to flourish. Keep in touch with our newsletter at https://www.peepaltreepress.com/subscribe, and discover all our books at www.peepaltreepress.com, and join us on social media @peepaltreepress